Nr. 3

aut-aut

EDITORA ÂYINÉ

Belo Horizonte | Veneza

PETER TRAWNY
Medium e Revolução

tradução _ Soraya Guimarães Hoepfner
preparação _ Ana Martini
revisão _ Fernanda Alvares, Andrea Stahel
revisão técnica _ Márcia Sá Cavalcante-Schuback

SUMÁRIO

-9 **NOTA PRELIMINAR:
AO LUGAR DA TENTATIVA**

-17 **NOTA PRELIMINAR:
À INLOCALIDADE DA TENTATIVA**

-25 **O MEDIUM**

-57 **A REVOLUÇÃO**

-73 **A COMUNIDADE PRESSENTIDA**

Absolutização - universalização - classificação *do momento individual, da situação individual etc. é a própria essência do* romantizar.
Novalis, *Das Allgemeine Brouillon*

Eu sou feio, mas posso comprar-me a mais bela mulher. Então, não sou feio, *pois o efeito da* feiura, *sua força assustadora, é destruído pelo dinheiro.*
Karl Marx, *Manuscritos filosófico-econômicos*

Essa é a época da concorrência criativa e da luta da produção. Mas e eu, eu não estou cansado de produzir?
Paul Valéry, *A crise do espírito*

Eu acredito mais do que nunca que essa é uma época incrível para se estar vivo.
Bill Gates, *A estrada do futuro*

NOTA PRELIMINAR
AO LUGAR DA TENTATIVA

As reflexões que se seguem são uma tentativa contra a impossibilidade, contra a própria impossibilidade.

Há um anseio pelo evento. Vai acontecer, já aconteceu uma vez. Tudo será diferente, tudo já se transformou em outra coisa. No ventre do tempo, a *revolução* congrega sua força para um dia irromper outra vez. Então, a continuidade cotidiana da vida desmoronará por um breve momento e uma estranha intensidade esquecida arrebatará os que estão em ação. O «momento individual» será que já se anuncia?

Todo pensamento sobre o evento é um «romantizar».[1]

1_ Ver Carl Schmitt. *Politische Romantik*. Berlim: Duncker und Humblot, 1998. Schmitt fala de uma «estrutura ocasionalística do romantismo». De acordo com ele, o romantismo carece de «qualquer relação com uma causa». Nisso há um grande entusiasmo pela «relação absolutamente inadequada» entre occasio e efeito. Toda «individualidade concreta» pode se tornar «occasio de um efeito imprevisível». E além disso: «Formulada paradoxalmente, a relação do ocasionalismo é, de fato, a relação da relação não apreensível, a relação de todas as possibilidades deixadas em aberto da não relação, a ambiguidade, mesmo a total pluralidade, uma relação fundamentalmente fantástica».

O conceito de «romantizar» diz respeito ao *a posteriori* de um evento, de um começo. Não há revolução que já não tenha acontecido e por isso anseia por um sentido (a linguagem da revolução no limite do conjuntivo). Esse lhe deve ser primeiramente concedido. A revolução não teria futuro se esse sentido lhe fosse furtado. Por isso, todo discurso da revolução tende a ser romântico.

Não se trata de ser *meramente* romântico. Isso seria um mal-entendido para com o romantismo. Como projeto, universalizar o individual vai além da corrupção de tudo o que aparece na história. Mas o que isso tem a ver com revolução? O problema da revolução é justamente *só poder aparecer como algo não subjugado à corrupção*. Isso quer dizer universalizar um individual, o que estabelece a ponte entre a revolução e o romantismo.

Certamente, o «evento» não deve poder estar à mercê da «total pluralidade de sentidos» (uma total propensão à arbitrariedade), mas é sabido que não existe «evento» para além de sua compreensão e, portanto, de sua interpretação. Aliás, seria necessário se perguntar o real motivo do interesse de Schmitt pelo romantismo. Provavelmente, a observação de Hannah Arendt a seguir é inadvertidamente «romântica»: «Unicórnios e fadas madrinhas parecem possuir mais realidade que o tesouro perdido das revoluções». Hannah Arendt. *Entre o passado e o futuro*. Trad. Mauro W. Barbosa. São Paulo: Perspectiva, 1997.

Nem todo evento é uma revolução, mas toda revolução é um evento. Nesse sentido, uma filosofia do evento também pode fornecer pistas sobre a revolução. Por exemplo, o estar-*em*-um-evento é comparável a um estar-*em*-uma-revolução. É fundamental que se compreenda essa «intimidade» (Hölderlin).

Numa revolução algo que já está em queda se estilhaça, colide. O que está em queda é antes de mais nada o poder político, em seguida a época, a cultura, nessa ordem de declínio. Na revolução, nunca se trata apenas do político. Ela se refere muito mais à sua origem. Um texto sobre a revolução evoca antes de tudo uma crítica sobre aquilo que já não se encontra na origem, ou seja, a cultura.

A origem é o evento. E trata-se de estar nele. Isso também diz respeito à revolução. Certamente, ela é um golpe contra a opressão e por isso quer ser apreendida como política. No entanto, essa apreensão é posterior, chega tarde demais. A revolução é qualquer coisa de próprio.. Experienciá-la propriamente vai além da sua interpretação, que sempre é posterior. A revolução significa estar nela, origem, ou seja, presente, *praesens*.

A ordem – ou a cultura – que se compreende a partir de tal presente já não faz parte dela. A origem se tornou passado. O presente originado nesse presente passado está exaurido. Mas essa exaustão é ao mesmo tempo extremamente produtiva.

A única pergunta dessa tentativa: como o medium[2] consegue ser um mundo que parece conhecer somente um objetivo, um valor; a saber, o objetivo de impedir a verdadeira revolução?

«Verdadeira revolução»? Não há conceito capaz de fazer jus a essa promessa. Talvez seja também o que a revolução

---

2_ N.T.: Optou-se por manter o termo *medium*, em detrimento da possível e mais óbvia tradução como «meio», pois essa diferenciação é considerada chave para possibilitar aos leitores alcançar o patamar da questão filosófica que vai além da questão comunicacional, conforme apresentada pelo autor. Desse modo, a referência a medium tem a clara intenção de evitar associar a discussão do autor à tradicional abordagem americana dos estudos da mídia, aproximando-a muito mais da tradição alemã. Para essa última, o medium é compreendido em uma esfera ontológica (possivelmente porque seus pensadores, como Friedrich Kittler [1943-2011], têm indiscutivelmente forte influência heideggeriana). Nessa acepção, sentido e forma estão fundamentalmente imbricados, de modo que o medium diz respeito diretamente ao sentido geral e possível de ser, em vez de simplesmente, como é o caso da ideia instrumentalista de meio, referir-se à portabilidade e transmissão de sentidos. Sobre a distinção de conceitos, ver: Marco Toledo Bastos. «Medium, media, mediação e midiatização: a perspectiva germânica». In: *Mediação e midiatização*. M. Ângela Mattos, Jeder Júnior, Nilda Jacks (Org.). Salvador: EDUFBA; Brasília: Compós 2012. pp. 53-78.

deixa de fora ou libera do discurso contemporâneo, sua mobilidade mercúria. Não sabemos como se parecerá a próxima revolução: a-topia. Se soubéssemos, não seria uma revolução.

Toda crítica cultural que não se inclui naquilo que critica está perdida. Não há perspectiva fora da exaustão e da ruína.[3] A fragilidade do olhar e do julgamento é decisiva. Só assim a crítica pode ser crível. Eu sou aquilo que julgo e não o sou, em todo caso, não inteiramente.

Uma crítica cultural não consciente de pertencer a essa exaustão, que nem sequer é seu testemunho, é hipocrisia ou é *kitsch* e, portanto, é tudo o que sugere que não se deva ser.

O que se segue não pode, portanto, distinguir-se do que tenta pensar como a atual totalidade ou ordem. Ao contrário, ela só pode se fazer ouvir quando entregue a esse estado,

---

3_ Essa não é uma perspectiva inédita. Adorno trouxe à tona a compreensão de uma crítica cultural cuja experiência de ser fragmentada lhe é concedida somente pela autoridade. Theodor W. Adorno. *Crítica cultural e sociedade*. Trad. Augustin Wernet e Jorge Mattos Brito de Almeida. São Paulo: Ática, 1998. «A crítica cultural compartilha com seus objetos esse ofuscamento. Ela é incapaz de deixar aflorar o reconhecimento de sua fragilidade, que é intrínseca à separação entre trabalho intelectual e trabalho manual. Nenhuma sociedade que contradiga o seu próprio conceito, o de humanidade, pode ter plena consciência de si mesma.» Isso se aplica totalmente e ainda mais à sociedade que pensa que o conceito de «humanidade» está ultrapassado.

a ponto de chegar a amá-lo. Ela precisa exatamente daquilo que provavelmente deseja destruir. O lugar é, portanto, aquele de todos os deslocamentos e de todas as intermediações[4] que arrastam um texto e seu corpo; o corpo atrás, embaixo, acima, à frente e para dentro dele, para dentro dos canais dos quais necessita. A crítica apela para a ordem e é nela que se deixa acontecer.

A crítica cultural é uma medida de ordem. É no exagero que ela prospera. Só assim ela pode aparecer. Esse é o caráter de conformidade, não apenas da crítica cultural, mas de todo trabalho intelectual ao qual a filosofia naturalmente também pertence. Ela anseia por receptividade, por mais que deseje arduamente o evento que empurra para o outro. Não há filosofia que já não se encontre na revolução. Uma filosofia revolucionária já se encontra em uma ordem à qual não quer pertencer.

No entanto, toda verdadeira filosofia também é desafiada a encontrar receptividade. Isso se deve às suas figuras

---

4_ N.T.: Na tradução filosófica, por exemplo em Hegel, é consenso traduzir o termo *Vermittlung* por «mediação». Não obstante, tirando proveito das sutilezas do português, optou-se por «intermediação», com vistas a enfatizar o sentido mais alinhado a uma nova configuração de mundo aludida pelo autor, de mobilização e disponibilidade extremas, na qual somos nós mesmo imbricados «corporalmente» na mediação.

excêntricas, as quais pertencem ao «espírito do selvagem, eternamente vivente» (Hölderlin). A cada vez, ela escreve a revolução como uma poesia para além do texto contínuo. Pois aí está a fissura que «já sempre» separa a verdadeira filosofia da conformidade. Assim, a filosofia seria também uma configuração da revolução.

Essa fissura, esse selvagem, brota do anseio por uma comunidade que faça jus a essa palavra. Junto com ela, também brota a violência – ou o terror, que destrói toda a comunidade (violência e terror não são o mesmo). A revolução, essa realização da fissura, guarda sempre este perigo: desaparecer no selvagem. E nós (que «nós»?) conhecemos bem essa ânsia selvagem.

NOTA PRELIMINAR
À INLOCALIDADE DA TENTATIVA

Para além do todo, nada. A totalidade é uma ocupação total do espaço. Todas as vagas estão reservadas, todos os lugares estão tomados, também o lugar fora, esse que nem mesmo existe. O fora, como o além do ser de Platão,[1] também é na verdade uma espécie de inlocalidade; uma inlocalidade não casual, não como se fosse possível que algo que agora é sem-lugar tivesse tido um lugar antes; mas sim uma inlocalidade[2] *sui generis*.

Trata-se da correlação entre lugar e ordem. Normalmente, não poderíamos imaginar nenhum lugar fora de uma ordem específica de lugares. Até o lugar mais isolado, justamente por ser isolado, precisa ser ele mesmo parte de uma ordem da qual se isolou. Nesse sentido, a inlocalidade de um evento ou estado não se dá a compreender como se fosse totalmente

---

1_ Platão. *Politeia.* 509b.

2_ N.T.: Para preservar a distinção entre *Ortlos* e *Ortlosigkeit* feita pelo autor, optou-se por traduzi-los como «sem-lugar» e «inlocalidade», respectivamente.

inexistente. A inlocalidade em questão seria algo que aconteceria entre lugares, que não seria acomodado em nenhuma ordem. No entanto, existe em cada totalidade. É o que jamais se acomoda na ordem, o ponto cego, o excêntrico, o intocável pelo total.

Se a totalidade dessa inlocalidade jamais pode ser ordenada, porque do contrário não mais poderia ser o que é, então também não pode ser anulada. Assim, o total não pode ser uma totalidade ainda capaz de acomodar o entre, que está constantemente se deslocando e jamais pode ser determinado – o evento. Esse a-tópico (não u-tópico) é tão individual quanto múltiplo e diverso. É o estranho, o outro, o erótico, o socrático, o divino etc. É também a *revolução*, que deu vida aos direitos humanos; aparentemente, à ordem.

O atópico pode fundar uma ordem? A cada vez, a inlocalidade é o começo. Tudo o que é lugar já está para além do começo. Isso significa que também não há nenhum lugar do começo. A ordem possui um passado inacessível e atópico. O evento permanece sempre no verso da ordem. E portanto está sempre antes. Os direitos humanos existem graças a um evento. Talvez eles não sejam ordenáveis, e pertençam ao que se retrai à ordem. Os direitos humanos têm um caráter revolucionário.

A revolução é o destituir-se das forças de uma ordem, sua destruição. Por isso, também não pode ser ordenada por uma ordem. A destruição é uma transformação, uma «revirada categórica» (Hölderlin) na qual nada será como antes. Todas as esperanças e medos de mudança pertencem à inlocalidade da revolução: a conversão da alma de Platão, a metanoia cristã, a morte do amor, o super-homem, a metamorfose em inseto, a convalescência, o suicídio, o avatar – desejos de viver sem-lugar.

Por isso, é de duvidar que a revolução seja *primariamente* um fenômeno político, e não *super*político. Ela tem origem em uma possibilidade do homem, com a qual ele tem uma relação extremamente ambivalente. Por um lado, há essa necessidade de estabilidade, até mesmo de uma ordem. Por outro, uma ânsia de retornar ao começo inlocalizado, ou seja, de poder repetir o começo. A destruição da ordem é esse tipo de repetição, uma circulação repetitiva.

A sentença retórica de Karl Liebknechts: «A revolução está morta. Viva a revolução!» é uma expressão dessa ânsia. Só que, além disso, parece estar excluída toda perspectiva de uma mudança de estados; agora a revolução vive, foi trazida à vida por um e como um evento fundamentalmente incompreensível em sua origem. Agora ela extermina uma ordem política vigente para – e nisso consiste sua «aporia»[3] – se instalar mediante outra ordem política. Revolução à qual se segue imediatamente a restauração. Uma revolução, que no entanto ergue de novo as instituições que outrora destruiu, parece ser uma empreitada inútil. A instituição significa a decadência, a morte da revolução. E não pode haver uma instituição da revolução.

Destruição de uma ordem – a revolução começa na *violência*. Isso não é nenhum acaso, mas sim o caráter imanente da revolução. Essa violência não começa, porém, na ruptura política, mas sim já na dimensão pré-política. Cada recorte perceptível da vida está conectado à violência. Basta pensar no nascimento, na sua dor e também na perda nele contida. Que a revolução comece com violência é algo inevitável. De todo modo, essa violência é nossa conhecida.

A violência começa na natureza, no «estado natural»[4]

3_ Hannah Arendt. *Da revolução*. Trad. Fernando Vieira. São Paulo: Ática, 1988.

4_ Como exemplo, basta lembrar da compreensão do estado da natureza de Hobbes, como sendo uma «guerra de todos contra todos», no qual predomina uma «constante fuga e o perigo de uma morte violenta». Habitualmente, ele é compreendido como uma mera construção heurística. Porém o próprio Hobbes escreve: «Poderá porventura pensar-se que nunca existiu um tal tempo, nem uma condição de guerra como esta, e acredito que jamais tenha sido geralmente assim, no mundo inteiro; mas há muitos lugares onde atualmente se (inlocalidade? selvagem?). Mas, se a violência é algo natural, se pertence ao caráter da violência uma essência iniciada na natureza, então deve-se pensar em que medida a violência é algo humano, pois não é possível para o homem abstrair-se da natureza.

A violência é em primeira e última instância violência corporal. Impactos que não atingem o corpo não são descritos como violência. Mesmo que esses impactos não se originem diretamente de um projétil direcionado a um corpo – seja uma mão, uma lâmina ou uma bala, suas consequências não podem ser ignoradas pelo corpo. Também os traumas designados «psíquicos» atingem o corpo. Estamos expostos à violência sempre com o nosso corpo. Violência é corporeidade. A natureza do homem é corpórea.

Natureza, corpo, violência – três indicações da dimensão pré-política da revolução. Quando a revolução intervém na política, esses três elementos adquirem um significado

---

vive assim». Thomas Hobbes. *Leviatã*. Trad. João Paulo Monteiro e Maria Beatriz Nizza da Silva. São Paulo: Martins Fontes, 1988. p. 76. Ver também Rousseau sobre a «realidade» do estado da natureza: Jean-Jacques Rousseau. *Discurso sobre a origem da desigualdade.* Trad. Maria Lacerda de Moura. São Paulo: Ática, 1989. p. 30. «[...] um estado que não existe mais, que talvez não tenha existido, que provavelmente não existirá nunca...» Também Rousseau pensa o estado da natureza não como mera hipótese.

excessivo. Pois a revolução não se mostrará como um «progresso» nas relações políticas, mas como um retorno de algo conectado à natureza.

Isso também vale para o corpo necessário à revolução. Pois a revolução é revolução de um corpo. Ela o mobiliza, liberando-o de uma urgência maligna para instalá-lo em uma urgência benigna. O corpo da revolução é necessariamente enfraquecido, porém não é impotente. Ele emana de uma necessidade e abraça a violência. O que se anuncia é o surgimento de uma *comunidade pressentida*.

A revolução de hoje se depara não com o capitalismo ou com o neoliberalismo, nem com a burguesia ou com o fascismo, mas sim com o medium. Em sentido próprio, não há um inimigo político com o qual a revolução possa se relacionar. A ordem com a qual a revolução deve se deparar ainda não está compreendida. Porém ela já existe.

Nossos conceitos de revolução se originam nos séculos xviii e xix e estão obsoletos.[5] Por si só, já seria uma boa abandonar a ideia de um espírito da revolução. A revolução demanda conceitos revolucionários, uma linguagem revolucionária. É possível que hoje esse seja o maior problema do pensamento revolucionário. A revolução se encontra hoje emudecida.

5_ Hannah Arendt. *Da revolução*. Op. cit.

Tudo o que é pensado e escrito na atualidade é conformista. As relações existentes parecem uma vaca sagrada. Toda crítica segue o mandamento de ser «construtiva». A teoria «esquerdista» silencia sobre sua origem revolucionária. Também as forças conservativas se integram. Tudo é «comunicado». Impera uma profunda satisfação.

A mudez da revolução não é, todavia, de cunho histórico. A linguagem filosófica se depara com uma fronteira propiciada a partir do próprio evento. De fato, nada de manifesto se deixa dizer sobre o evento, até que talvez: ele nos conclame, se inserido em nossas histórias, a compreendê-las a partir dele. É o que Novalis chama de «romantizar». É uma espécie de conhecimento. Mas, para que seja possível recomeçar, esse reconhecimento deve ser deixado para trás. O começo não é um reconhecimento. A tentativa (da revolução) é muda uma vez que é forçada a pensar atopicamente contra si mesma, contra sua impossibilidade. Ela já não é sem-lugar, ela abandona a inlocalidade.

O que se encontra fora da alternativa de um lugar ou da inlocalidade? O mito, o próprio Dionísio.

O MEDIUM

O ser é criação, é produção. Nós, os outrora criados, somos os criadores, quase sempre nossos próprios criadores. Em cada movimento somos produtores, trazemos algo à luz. É possível que a maioria dos produtos decaia instantaneamente nos cliques de sua e de nossa instável presença. Muitos perduram por um momento. Outros, como a última cama que compramos, sobreviverão a nós mesmos.

Não se trata do quê e de como, mas o essencial é que seja produzido. A produção diz respeito a ser. O ser e a produção são «equiprimordiais».[1] O ser inclui a natureza; ela produz.

O produzir produz a imanência na economia com fim nos meios. Não há nenhum criar aquém ou além dessa economia. Essa economia teleológica parece ser uma economia anterior à economia do dinheiro – aqui deve haver uma conexão interior. A economia do dinheiro é ultrapassada por uma economia mais fundamental. Enquanto esta se

---

1_ Ver a sequência Spinoza, Schelling, Marx, Nietzsche, Bergson, Deleuze.

desdobra na categoria universal da razão, a outra permanece imaginária.

A produção deixou para trás o barro do começo. Os materiais se retiram para o passado: madeira, pedra, metal já se encontram envoltos em uma aura subjacente ao material. Desde a época de Lênin, a produção passou ao imaterial, a um aparecer que se desprende do corpo.

As chaminés se apagaram, não há mais os céus reluzentes das fornalhas, as laminadoras foram silenciadas na usina, os cavalos de pau não mais galopam nos poços, os martelos não mais batem nas bigornas, silenciou-se o tilintar do artesanato, também desapareceram os odores dos mais finos materiais – é possível que tudo ainda exista, mas desapareceu das nossas áreas de convívio, de nossa estada.

Enquanto a criação se esforça acima de tudo para alcançar o imaterial, ela se torna cada vez menos um autêntico produzir para ser um *intermediar* em todos os sentidos. A intermediação de um para o outro, de um para muitos, de muitos para um, diz respeito à fluidez de todos os processos no tempo e no espaço. Esses se aceleraram e se intensificaram no último século, desconhecendo qualquer barreira ou oposição. Os elementos de nosso tempo são a água e o ar, não a terra e o fogo, que se retiraram de cena. Tempo e espaço foram desfronteirizados. A criação acontece de maneira *global*.

A criação criou primeira e verdadeiramente o «*globus terraqueus*»[2] – a bola de terra e água – ao reconhecer nela o potencial de sua superfície infinita. A infinita, quando não também a infinitamente grande superfície orbicular do globo, é o resultado, o derradeiro e de modo algum o primeiro produto da criação. A infinitude surge da remoção de todas as fronteiras, de uma desfronteirização absoluta. Sobre a superfície orbicular não há mais, como consequência, nenhuma oposição ao valor, aos bens e aos corpos circulantes. O mundo se tornou inoponível e assim, por princípio, irresistível.

O medium é esse inoponível-irresistível que tudo intermedeia e que, com isso, na potência deslocada da inoponibilidade, como um vazio reluzente, não existe ou apenas existe imaterialmente. É a própria globalização, ou melhor, o que governa a globalização.

A perfeição do orbe é a mola mestra da história. Sua maneira de progredir não pode mais ser pensada linearmente, mas tridimensionalmente, compreendida como um orbe, um progresso omnidirecional que se espalha como um

---

2_ Immanuel Kant. *Metafísica dos costumes*. Trad. Edson Bini. São Paulo: Edipro, 2003. p. 194. No § 62 da «doutrina do direito», Kant fala do «formato esférico do lugar onde vivem (os povos da terra), o *globus terraqueus*».

cogumelo ou uma explosão. É a história global como criação de um orbe circulante.

O círculo ou o circular se torna o momento primordial na superfície da terra – como se a natureza cíclica tivesse vencido as culturas lineares. Nesse circular, no entanto, nem tudo retorna, mas desaparece para ser substituído. A substituição é uma forma de criação; hoje, a mais importante. A criação evita o evento, que desconhece qualquer forma de substituto.

Em face do sentido do substituir no intermediar, pode-se perguntar se o medium irá sobretudo encobrir a interrupção, o lugar vazio surgido. De fato, para o medium, é impossível parar de intermediar. Isso se comprova na lei em vigor da economia, na qual o crescimento infinito é inevitável.

O consumo no substituir já não é perda, mas sim *armazenar*. Vivemos a época de um repositório gigante (arquivos e museus etc.). Esse repositório nos assegura o passado para nos liberar para o futuro, para a intermediação permanente. Os produtores não se ocupam mais com uma lembrança viva a fim de se prepararem para um futuro vivo. Armazenamos as lembranças para resgatá-las quando oportuno. Ninguém precisa mais lembrar-se do que aconteceu na história, é preciso apenas conhecer o repositório. A história como repositório é o seu último fim. As forças ficam livres para o crescimento, para a própria produção, para o repositório. Esse é também um intermediar.

O armazenar poderia ser uma figura antieconômica. Parece não haver nele nenhuma acumulação. Possivelmente isso é falso. Mas não se trata disso. O mais importante é que o medium, por meio da abundância acessível do passado, sufoca o futuro. No medium, todos sentem como se algo lhes fosse disponibilizado, em que a possibilidade da perda é recebida com grande angústia.

O medium não conhece mais nenhuma perda. Ele substitui e armazena para dela se defender. Quando a perda não pode mais ser experienciada, o homem se separa de possibilidades que o tornam acima de tudo humano: é o homem que nada mais tem a perder. A perda pertence ao selvagem e permanece, mesmo quando ninguém mais pode senti-la. No movimento que se vira contra o medium, a perda tem a sua volta.

A perda não é um processo neutro. É o desaparecer de algo que «nos pertence». Então, algo que não pode ser nem substituído nem mantido nos é arrancado. Perdemos. A perda é algo totalmente inacessível para o medium. Existe algo como uma política da perda? A perda – um passo para a revolução.

A «acumulação do capital» escapa a esse conceito. Ela se transformou num armazenar potencializado, no qual o fim do conceito de «riqueza» ou «luxo» não apenas se tornou «abstrato» (Marx), mas sem sentido. Isso vale primeiramente para a representação na cifra ou na quantidade. Onde antes reis e rainhas criavam representações nas quais figuravam como divinos, hoje há as trevas do mercado de ações. Nele a sociedade se divide atualmente, na diferença entre os livres e os escravos.

A criação é uma intermediação que, em diversas manifestações, modula o *capital*. Não é nenhuma coincidência que os conceitos hegelianos de «mediação» e de «imediaticidade» tenham se tornado fundamentais para o próprio pensamento de Marx. Pois o capital não é nada além do próprio intermediar que, como poder desse intermediar, cria o *globus terraqueus*. No entanto, o «capital planetário»[3] já não é a propriedade privada ou os meios de produção dos capitalistas, nem os corpos do proletariado, mas a pura intermediação, o *medium como tal*.

O «capital» é uma relação, uma correlação, em si mesmo extremamente assimétrico, mas não obstante uma intermediação. Nada foi tão «revolucionado» nos séculos xvii ou xviii quanto a relação, a intermediação por excelência. Essa transformação teve efeito, de modo que a maioria das

---

3_ Paul Valéry. «La crise de l'esprit». In: *Variété I et II*. Paris: Gallimard, 1998. p. 28.

pessoas pode agora aparentemente participar da vida social. É possível que seja esse o caso. Não significa de modo algum, porém, que a vida da sociedade tenha se tornado mais justa. Para além do acesso banalmente configurado do medium, desdobra-se uma vida, ainda mais distanciada da massa do que antes, por ocasião do casamento do capitalismo.

Em tempos como esses é preciso encontrar uma nova compreensão para a pobreza. Pobre não é mais aquele que precisa dar conta sozinho das necessidades do seu corpo. Em relação àqueles que se ocultam no reluzir (luxo) do medium, em princípio é pobre todo aquele que ainda se interessa pelo fator econômico de sua vida – pelo dinheiro, por esse medium. O fato de ele ser escravo do dinheiro, enquanto a riqueza está em ser livre dele.

«O moinho à mão resulta em uma sociedade com senhores feudais, o moinho a vapor, numa sociedade com o capitalismo industrial.»[4] E que sociedade resulta do ciberespaço? Deve-se começar hoje um novo esforço teórico com a análise do mundo do medium, em sentido restrito e amplo.[5]

4_ Karl Marx. *Das Elend der Philosophie*. Berlim: Dietz, 1973. p. 110 [ed. bras.: *A miséria da filosofia. Resposta à "Filosofia da miséria" de Proudhon*. São Paulo, Escala, 2007].

5_ Isso é o que sustenta, em certo sentido, obviamente, o pensamento de Jean Baudrillard.

Um dos problemas de um marxismo contemporâneo é o deslocamento dos «meios de produção» para o imaterial. À medida que a consciência era compreendida a partir de seu ser, a máquina ou a fábrica eram um ponto de referência perceptível. A remissão à constituição do corpo era indiscutível. Hoje essa remissão não mais existe. Sobre o ser (marxista) paira a obscuridade. Sua práxis parece ter perdido o chão, pois o capitalismo transcorre em formas invisíveis.

Isso também torna suspeito o conceito atual de «alienação». Na encenação generalizada da acessibilidade surge a ideia de que haveria algo como um «trabalho alienado», como eco distante de um pensamento que ainda se encontra em consonância com o bem primordial. Nesse ínterim, parece que o conceito foi carregado de uma estranheza que contraria sua intenção original. Marx sabia, no entanto, que o homem alienado considera seu estado como natural.

O Estado – também o «moribundo» – não é o adversário da revolução, mesmo que por necessidade precise ser o seu espaço (não o seu lugar). O próprio Estado é apenas uma forma de medium, obviamente uma forma bastante poderosa. Ele o é mesmo quando a «soberania» parece perder significado, no entrelaçamento econômico e na desfronteirização dos Estados – a globalização. A revolução que pretende superar o Estado na verdade não visa a ele. Ela visa ao que constitui o Estado.

O medium é a unidade imaterial do capital e da técnica. Hegel e Marx sabiam preliminarmente que a infinita superfície do *globus terraqueus* é produzida pela técnica e sua economia. O que eles não podiam saber, porém, é que a unidade do capital e técnica – esse universo – ainda se intermediaria a si mesma em uma nova tecnologia, no medium por excelência.

O «capital planetário» é esse medium, essa intermediação. Esta se gera como um deslocamento infinito, também como uma persuasão infinita, que pressupõe uma irresistibilidade infinita. Não há mais nenhum ponto de vista que não seja «flexível». Assim exige o medium, que ameaça com a substituição e o repositório. A flexibilidade é um estilo que atinge a profundeza do pensamento. A inflexibilidade é suicida, especialmente recusa para si as excepcionais formas do medium. Por isso, o pensamento se rende tão facilmente hoje em dia.

O que eu faço agora mesmo serve ao medium. É causado conjuntamente com o seu desejo, sua vaidade, sua hipocrisia, sua fruição e sua decepção. E, quanto mais quero atingi-lo, mais o sirvo. Se essa frase fosse uma explosão que pudesse matar você, leitor/a, isso confirmaria o medium.

A excepcional forma do medium se manifesta na *imagem*. A imagem já não é o imageado, mas sim um primeiro plano virtual que se funda antes de tudo no erótico. Quanto mais desfrutamos das imagens, mais nos persuadimos de sua mutabilidade. Aqui começa o que deveríamos chamar de hipocrisia. O medium como imagem é o «capital planetário» à medida que se converte constantemente e assim intermedeia *outro que não seja ele mesmo.*

Há um instinto imagético que corresponde ao medium e à sua configuração invisível da realidade. Aristóteles nos tinha descrito como seres vivos que por sua própria natureza aspiram à mimese. Essa aspiração corresponde a um esquecer da diferença icônica, ou seja, da ausência da capacidade de diferenciar imagem do mundo imagético, dado de imediato ao homem. Tudo é narciso. O medium tira vantagem dessa desfronteirização da imagem e do imagético.

Não é coincidência que o espaço totalmente desfronteirizado, o *globus terraqueus* infinito, se dê junto com a descoberta, ou seja, com a criação do ciberespaço. O processo deve ser considerado *um* evento. O capital e a técnica formam uma simbiose única na história, uma intermediação única. A globalização não é o pré-requisito, mas a consequência dessa intermediação. Uso o termo *o* medium para expressar a unidade dessa intermediação. O mundo no qual vivemos hoje é um mundo *do* medium.

No entanto, essa unidade estrita, esse monopólio do

medium, não se dá faticamente. Na realidade, o medium é a dispersão de vários meios. Essa dispersão age com base em uma unidade, nomeadamente uma intencionalidade anônima que é a mesma em todos os meios. Assim, o medium é o mais poderoso monopólio que jamais existiu. Ele enseja a infinita intermedialidade de tudo e de todos.

Uma determinação do medium como prolongamento do corpo, como instrumento, é inapropriada. O corpo não faz uso do medium; é, antes, integrado por ele em seu espaço-tempo. Assim, o medium presta ao corpo uma determinada posição onde ele se funcionaliza. Desse modo, o corpo é a extensão do medium.

A estabilidade social do medium se origina como um todo no fato de todos e cada um poderem interagir no deslocamento do medium. Nessa integração banal, nada mudou tanto no último século quanto a política da «segurança social». Se outrora as gerações passadas podiam determinar um aumento constante da proteção social, a atual consegue mais ou menos escapar de seu próprio colapso total. Ela pode escapar do colapso porque o medium, com suas diversas e inevitáveis possibilidades de inclusão, transmite a impressão distrativa de que o indivíduo pode sempre e sobretudo participar de tudo. Obviamente, ele recusa, mas, para não ensaiar a rebelião, deve sempre ter a sensação ilusória de que foi consultado. Há uma precariedade gigantesca, sem que seja possível dar-se conta dela.

Isso conclama à questão sobre em que medida o constante deslocamento do medium se diferencia do atópico da revolução. O medium não seria de fato uma inlocalidade sempre se escondendo? Poderia parecer que o próprio medium surge da revolução, como se fosse ele mesmo a revolução. A energia dos movimentos é monstruosa; somadas a isso, a fineza dos instrumentos e a objetividade da configuração dão a impressão aproximada de que o medium é o mais revolucionário de todos os revolucionários. Mas a intermediação e o deslocamento aos quais o homem de hoje está constantemente exposto não impedem – e sobretudo – não devem impedir o surgimento e a existência de uma ordem. Pois, no fim das contas, o deslocamento se movimenta em vias muito bem organizadas. O medium bloqueia totalmente o acesso ao excêntrico ou ao atópico. Ele pode deter-se apenas no âmbito do moderado ou medíocre. Também a elite se torna medíocre no medium. Essa é uma das causas mais importantes pelas quais a revolução parece impossível.

A revolução é um movimento excêntrico porque «está imbricada em outro mundo, e arrasta para a esfera excêntrica dos mortos» (Hölderlin). Ela toma para si o fardo da destruição; uma destruição não somente de corpos, mas também de coisas nas quais os corpos se prendem, como os cordões umbilicais. Ela toma para si uma responsabilidade que não pode assumir. Quem quer tomar para si a responsabilidade pela ascensão e queda de um mundo? A revolução é irresponsável.

A irresponsabilidade da revolução se dá porque ela é um evento. Ninguém pode ser responsável por um evento. Isso está ligado à abertura principial de toda situação revolucionária, ao Eros da revolução. O Eros da revolução diz respeito ao desejo de estar na revolução e não ser meramente envolvido na sua interpretação.

Foi observado que a «questão social» destrói o espaço de manifestação política.[6] Pobreza e riqueza é uma diferença cuja assinatura política deve ser primeiramente investigada. E, de fato, Marx pôde apenas politizar essa diferença ao traduzi-la como duas classes de poder em luta. Pobreza e riqueza eram critérios formadores da comunidade, que se

---

6_ Hannah Arendt. *Da revolução*. Op. cit., p. 47. Provavelmente um dos pensamentos mais provocantes de Hannah Arendt é a desqualificação da «questão social» para o pensamento político. Ela chega a elogiar Marx, pois com ele «os pobres aprenderam a compreender a pobreza não como um fenômeno natural, como resultado da carência, mas sim como um fenômeno político, surgido através da violência e violação», porém o elogio não vai muito longe. Ver Arendt sobre Marx também em: *Entre o passado e o futuro*. Trad. Mauro W. B. Almeida. São Paulo: Perspectiva, 2014.

dividiam entre uma consciência feudal e uma burguesa, ou seja, entre uma consciência capitalista e uma proletária. Tal horizonte não existe mais. Ou talvez ainda exista?

Talvez a diferença entre pobreza e riqueza seja o político por excelência.

Se houvesse uma classe dominante da riqueza, então nada poderia ser mais oportuno para ela do que isentar-se de compreender a realidade social a partir de uma possível antítese. Mas isso é exatamente o que o medium dissipador proporciona. Aqui, trata-se de uma classe absoluta de ricos que se oculta no reluzir do medium, uma classe cuja maioria da sociedade ignora, que existe somente na imaginação ou mesmo em sonho. Essa classe não tem nenhum interesse em se deixar ver como existente. Ela prefere hábitats invisíveis dos quais a massa está excluída. O «capitalista clássico», como herdeiro social da aristocracia, viu isso de outra forma.

O que se difundiu foi uma perspectiva liberalista que saúda a ideia de que um povo empobrecido por uma economia ineficiente se levanta contra um regime igualmente incapaz e assumidamente corrupto, parecendo com isso confirmar o espírito do liberalismo. Com vivas isso é o que se chama de «revolução». Se, porém, os eventos na Tunísia, Egito, Líbia, Síria etc. tiverem sido realmente uma revolução, então os políticos de todos esses países deverão se preocupar com sua segurança. Isso é amplamente conhecido por eles. Por isso, nesses países a «revolução» deve ser absurdamente normalizada, o que aqui seria considerado o mais terrível terrorismo.

Essas considerações confirmam o *status* precário da «questão social». Basicamente, Arendt tem razão ao dizer que toda revolução se arruína politicamente justamente quando leva em consideração as circunstâncias econômicas. Nenhum Estado no mundo onde a diferença pobreza-riqueza possa ser transformada numa possível justificativa para a revolução estará livre de conturbações duradouras. A menos que essa diferença seja posta de lado.

Isso não quer dizer que as diferenças sociais não sejam elas mesmas inconcebíveis nos redutos mais ricos da terra. Elas de fato o são. O medium mantém, no entanto, coeso seu espaço de jogo social mediante as migalhas de poder que concede – no reluzir do medium. Por vezes, isso tem o caráter de «espelhos» com as quais os colonizadores puderam disfarçar sua conquista para os nativos.

Nisso o medium não se utiliza de nenhum encantamento anestesiante, mas, em vez disso, apenas do exagero. Assim, o medium consegue se apresentar como um fiador da liberdade social. Para tal, certos «problemas» ou «eventos» são trazidos ao centro das atenções para serem investigados, para que se saiba o que «realmente» aconteceu. Depois, desaparecem naturalmente na mesma velocidade com que surgiram. Assim, em turnos de anestesiamento e açoitamento, a verdadeira fissura na sociedade é encoberta.

Unidade – dispersão – intencionalidade anônima – em sua multiplicidade, os processos de persuasão e intermediação do indivíduo não se deixam mais determinar diferenciadamente. Consideremos, por exemplo, a abundância, a correnteza de imagens, e então veremos que estamos longe de reconhecer o potencial de intermediação do medium. Quase já não é possível separar as imagens de um horizonte livre de imagens. A «*superfície conjunta do mundo*»[7] tornou-se imagem. O mundo não é uma imagem no sentido de uma ideologia, é um orbe tridimensional cuja casca representa uma única imagem. Isso é uma totalidade. Assim, diante de grandes imagens não vemos o sem-imagem, ou seja, o próprio medium desimagetizado.

O importante aqui é o conhecido já há muito. O medium, ou até mesmo o que significa a totalidade, não consiste em uma unidade uniforme. Diferenças não são excluídas, mas sim utilizadas e por isso enfatizadas. O medium é portanto o espaço de uma tremenda individualização. A

7_ Gottfried Boehm.: *Wie Bilder Sinn erzeugen. Die Macht des Zeigens*. Berlim: Berlin University Press, 2007. p. 11.

individualização total não implica nenhuma contradição. Apesar disso, ou justamente por causa disso, todo individual permanece intermediável. O individual, então, jamais se torna excêntrico.

Os processos de intermediação econômica já não se diferenciam essencialmente de outros, como dos informativos ou dos imagéticos. O capital-poder é o poder do medium, do fluir imaterial. Essa correlação vai naturalmente além da habitual representação político-econômica do poder. Parece não haver mais produção possível sem o multifacetado entrelaçamento das mais diferenciadas intermediações no medium.

Dito de outro modo: toda revolução que se reduz a uma mera convulsão de relações socioeconômicas recai inevitavelmente numa restauração. É importante reconhecer que a técnica tem um significado econômico que não se deixa neutralizar. A técnica não é um resultado da produção e de sua economia, mas sua origem. Essa, no entanto, escapa à nossa disposição.

Certamente, Marx sabia que os meios de produção pertencem ao capital, que são o capital. E também sabia que o próprio capital tinha por sua vez uma função de intermediação. No entanto, ele sustentou a possibilidade de um crescente antagonismo de classes. O medium, porém, aparece na sua potência mais bem-sucedido quando imaterializa o antagonismo de classes.

O medium, a unidade econômica de capital e técnica, organiza o globo ao organizar o aparecer. No aparecer manifesta-se o poder social no sentido de seu acesso. O poder é de quem e do que aparece. Quanto mais algo aparece, mais poderoso é. Para o mais poderoso, no entanto, ocorre que o aparecer em si mesmo retrocede e assim já não é percebido como aparecer. A impotência é, hoje, sobretudo uma impotência do aparecer. O pobre, o doente, o morto não aparecem. Com isso, eles experienciam como privação o que os super-ricos mantidos à distância da esfera pública apreendem como possibilidade positiva.

A morte, os mortos, coisas mortas existem sobretudo no medium. Imagens e histórias da morte circulam por toda parte. O medium vive da morte. E, no entanto, já não há morte no medium, pelo menos se o que queremos dizer com morte for uma morte vivida, que ocupa em toda vida uma narrativa. O medium quer uma vida sem morte, quer a si como vida nua e crua, sem jamais viver. Ele tem um caráter vampiresco. Isso corresponde à inaptidão para a perda.

O medium imaterial é medium global, medium do orbe, esfera de todas as esferas. Não somente não há como escapar dele, como sem ele nem mesmo podemos ser o que somos.

Toda referência recai sobre o medium e dele retorna para nós. Também a linguagem, que não é nenhum medium, é por ele penetrada. Nessa perspectiva, o medium é o *si-mesmo*. O si-mesmo é o medium.[8]

O si-mesmo que se faz de morto para que não se possa viver nele tem uma memória; o repositório inanimado do medium. Armazenar[9] é seu movimento característico. Isso faz surgir uma imanência crescente. O si-mesmo não pode mais escapar a si, não pode mais ir além de nenhuma liberdade que já não tenha absorvido para si. Essa inclusão e conclusão do si-mesmo é uma inclusão e conclusão do medium. O si-mesmo abstraiu-se de toda abertura na esfera pública.

Tudo o que aparece no medium, ou seja, tudo o que pode aparecer é determinado pelo exagero, pelo *kitsch* e da hipocrisia. Esse modo de aparecer é resultante da intermediação dominante. E é por ela precondicionado. Assim, o medium

---

8_ Karl Marx. *Manuscritos econômico-filosóficos*. Trad. Jesus Ranieri. São Paulo: Boitempo, 2008. Marx fala aqui sobre uma «indústria moderna como si-mesmo».

9_ N.T.: Em alemão, o verbo *speichern* no âmbito da informática corresponde ao termo técnico que foi – literal e erroneamente – traduzido do inglês «*save*» como «salvar». Optou-se, portanto, por corrigir esse erro consagrado, utilizando uma localização mais fiel à tecnologia da informação, que seria «armazenar».

demanda o exagero daquilo que aparece. Somente assim pode fazer surgir a opinião de que seja de alguma forma relevante. No entanto, o exagerado deve atender ao gosto da massa e por isso é fundamentalmente *kitsch*. Isso se aplica até mesmo aos assuntos mais sérios, como o suicídio ou o infanticídio. Pois o exagerado não deve nunca passar ao extremo. Por fim, ambos se baseiam na hipocrisia.

Também o discurso de sofrimento na produtividade é hipócrita (não menos importante, pois esse discurso se deixa difundir somente no medium). À medida que o medium conta essa história de si mesmo, ele a atesta. Que o trabalho alienante afete negativamente o homem, isso é algo conhecido há muito tempo. No entanto, seria um mal-entendido ver nessa negatividade um argumento contra a produção. A queda da produção forma sempre mais uma esfera de produção. O improdutivo também é produtivo. Somente a morte nos abstrai do medium.

A hipocrisia supera o ruim ao representá-lo como bom. É um aspecto especialmente importante, que o hipócrita por fim encene esse deslocamento diante de si mesmo. A hipocrisia se torna sua segunda natureza. Quando, porém, a hipocrisia como tal se desdobra, desaparece o homem, que se torna o hipócrita. Pois, enquanto o ator se diferencia de seu papel, no hipócrita essa diferença é suspensa. Desse modo, ele já não é nenhum ator, mas alguém que se dissolve num oportunismo sem fronteiras. O medium demanda o hipócrita; é seu elemento.

A hipocrisia é, porém, muito facilmente compreendida como uma característica subjetiva de determinados indivíduos. Assim, ela mesma se ancora no intermediar e deslocar do medium. A hipocrisia seria sobretudo outro nome para o medium. De acordo com Hegel, ela pertence ao «mais elevado patamar da subjetividade»[10].

Marx chama o medium de «mundo invertido», porque o capital é capaz de transformar o falso em verdadeiro e o ruim em bom: «Quem pode comprar a coragem é corajoso, mesmo que covarde»[11]. Porém para Marx continua sendo possível ter ciência dessa inversão. Existe realmente essa possibilidade? Podemos ainda saber quem é corajoso e quem é covarde – quando existe algo como coragem comprada? A intermediação do medium produziu uma profunda insegurança na diferença entre verdadeiro e falso. Essa insegurança parece ela própria mais seriamente como depressão, como

---

10_ Georg Wilhelm Friedrich Hegel. *Linhas fundamentais da filosofia do direito*. Trad. Marcos Lutz Müller. São Paulo: Unicamp, 2003 (§ 140).

11_ Karl Max. *Manuscritos econômico-filosóficos*. Op. cit.

doença narcísica; o hipócrita não a experimenta. Pois a vida social está totalmente absorvida pelo acobertamento da diferença entre o verdadeiro e o falso. No entanto, não sabemos ainda se o homem realmente pode viver sem essa diferença. Isso diz respeito ao problema da «alienação».

No reluzir do medium, a injustiça se oculta. Na tendência para o imaterial parece que um sonho se realiza no orbe-medium, o sonho de enredar-se em toda intermediação possível, ou seja, deixar seu si-mesmo ser infinito em autoconceitos infinitos. Quando a morte já não vive, a perda não é mais tolerada, o si-mesmo começa a abandonar a *Natureza.* O medium imaterial tem na sua intencionalidade anônima o objetivo de fazer desaparecer a natureza. A natureza, porém, não desaparece.

O medium do *globus terraqueus* infinito neutralizou a esfera política (isso já foi frisado há muito tempo por várias mentes, como Carl Schmitt e Hannah Arendt). Essa neutralização corresponde às histórias que o medium conta a si mesmo. Assim, de todas as infinitudes além dos sonhos econômicos de si mesmo, sobrou apenas o crescimento econômico. A vida política, no entanto, se exauriu em suas possibilidades. Para além da liberdade da intermediação total – de acordo com Hegel –, não há mais nada a esperar de político: o medium e a liberdade são o mesmo. Nesse sentido, o medium se decide por ser a própria esfera política, liberal e democrática.

Nessa perspectiva, o medium é também *a* esfera pública. Nesse ponto, ele atinge uma intermediação política extremamente rica: «o máximo que o cidadão pode esperar é ser 'representado' […] a única coisa que pode ser objeto de representação e delegação é o interesse ou bem-estar dos outorgantes, mas não suas ações ou opiniões».[12] Interesses e preocupações encontram sua expressão na esfera pública. A representação do cidadão está assim muito mais entregue ao medium como sistema político, que se abre uma vez a cada quatro ou a cada x anos e cuida para que a mudança não seja drástica demais. Quando se apresenta, porém, como lugar de ações e opiniões, a esfera pública do medium compreende mal a si mesma. Desconsiderando o padrão medial, trata-se, como demonstra Arendt, do fato de a ação e a opinião em sentido estrito não se deixarem representar de maneira alguma. Nessa medida, o voto é fundamentalmente uma frivolidade.

Também a imagem tem um significado para a esfera pública. Com ela, o medium produz (em sentido estrito) a esfera pública para assim controlá-la. A esfera pública é, então,

---

12_ Hannah Arendt. *Da revolução. Op. cit.,* p. 214.

sempre uma esfera pública controlada. Como consequência, toda esfera pública é «ideologicamente» determinada. Por não poder ela mesma tornar pública essa determinação, o conceito de «esfera pública» é um eufemismo. A esfera pública do medium nada tem a ver com abertura. Ao contrário, ela é o fechamento de uma imanência da qual praticamente nada se deixa escapar. Aliás, pode-se afirmar que o controle do medium serve instintivamente a interesses do capital. Isso só é possível, porém, evitar que transmite a impressão de neutralidade política.[13]

Em sua neutralização, o medium é em princípio consumidor da esfera política. Cada produto, cada imagem, cada aparecer é consumido. O aparecer como imagem dispõe de si mesmo como consumo. Assim, ela é essencialmente orientada para o capitalismo. Ao mesmo tempo, porém, repudia a necessidade de diferenciação social, ao postular uma igualdade entre produtores. O medium volta-se para todos,

---

13_ Esse momento da esfera pública também pode ser compreendido assim: a esfera pública é algo produzido. Esse ser-produzido jamais pode ser tornado público pela esfera pública. Assim, também é possível que a esfera pública autorreferencial não possa tornar pública a sua produção. Pelo fato de o controle da esfera pública consistir no seu ser produzido, não pode haver de fato uma esfera pública livre. Uma «esfera pública controlada» guarda em si uma contradição.

assim como utiliza todos a seu favor. Ele nivela a diferença entre o capitalismo e o socialismo.

As figuras do fim, do encerramento, do esgotamento universal dominam os discursos. Mesmo as guerras, hoje conduzidas pelo Ocidente, são guerras exauridas, ações policiais para a democratização, ou seja, são intermediação da liberdade, guerras normalizadas. O medium está completamente desperto. Nada mais falta. Nessa neutralização, o liberalismo comemora seus triunfos cansativos. A ausência de um outro é assim completamente afirmada. Se em algum lugar um déspota árabe é deposto, isso ocorre inteiramente no espírito da democracia vigente. Essa seria «a grande época para se estar vivo».[14]

Valéry já se perguntava, após a Primeira Guerra Mundial, primeira crise da Europa moderna, se ele não estaria cansado demais para continuar produzindo. Será que o medium se exaure de alguma maneira na sua produção? É possível preferir a exaustão ao produzir? A pergunta retórica de Valéry: «Mas e eu, eu não estou cansado de produzir?»[15] deve ser

---

14_ Bill Gates. *A estrada do futuro*. Trad. Beth Vieira et al. São Paulo: Companhia das Letras, 1995. É altamente provável que quinze anos depois Gates ainda pense assim. O primeiro capítulo do livro tem como título «Começa uma revolução».

15_ Paul Valéry. «La crise de l'esprit». Op. cit., p. 22.

respondida negativamente. Assim como o autor por necessidade produz sua alegada exaustão, não há (até a morte, a perda, a despedida absoluta do medium) nenhuma escapatória para a criação. Ninguém pode se furtar ao medium; a mínima tentativa já significaria desaparecer. Esse desaparecer seria de todo pior que a morte.

Nessa intermediação total, toda a cultura perde sua relação viva com o imediato dado, com a imediaticidade. O imediato seria ocupado pelo medium e colocado sob seu controle. Experiências seriam possíveis somente via medium. Tudo o que não pode ser intermediado desaparece no sem-sentido, no nada. O medium intermedeia o imediato em simulações obscuras.

Em virtude desse «sem destino» (Hölderlin) surge uma gigantesca perda da experiência. Ninguém experiencia mais nada – e quando o faz, o medium e a linguagem já produziram previamente essa experiência. Assim, as *crises* também não são capazes de conturbar o medium. Pois as crises devem ser experimentadas, devem ser apreendidas pelo corpo, devem no mínimo tocá-lo. As crises que o próprio medium como tal descreve não são nada além de produtivas. São, por assim dizer, «crises criativas» a partir das quais o medium se sobressai ainda mais poderoso. No fundo, o medium deve constantemente criar tais crises para si.

Uma experiência que pudesse escapar ao medium demandaria a presença do que se experiencia. Sem a intensidade da presença, do presente, não é possível se dar nenhuma experiência. A transformação do espaço e tempo no medium consiste apenas em intermediar fronteiras, ou seja, exterminá-las. O que isso significa para o espaço já foi indicado no sentido da globalização. Para o tempo, significa que as fronteiras entre passado, presente e futuro se dissolvem. Há apenas um contínuo desfronteirizado, uma espécie de sensação de uma contínua transitoriedade, o pulso de imagens autopropagadas, que findam no repositório. Não há mais nenhum instante que trate aqui e agora de você e de mim.

Mas também é possível que o medium não faça, de maneira alguma, desaparecer a imediaticidade. Sem dúvida, ele se comprova uma grande máquina de imediaticidade. Ele cuida do corpo e do cérebro com a imediaticidade, alimentando-os formalmente. Sobretudo o design, que aparece como tentativa de tornar palpável a intermediação. Nada parece ser tão próximo de nós quanto o medium Sim, ele até mesmo dá a impressão de que nunca foi tão experienciado como hoje. No entanto, meu corpo e a proximidade corporal dos outros, o perfume e o mau cheiro, a fluidez e a firmeza, a pele como primeira e última instância – isso é outra imediaticidade, que o medium ainda não alcançou. Certamente, esse é apenas um exemplo, mas com caráter revolucionário.

Vale lembrar ainda as denunciações: o imediato, o próprio, o sensível, a perda, o poético, o apaixonante, o flutuante, o íntimo, o ingênuo.

A diferença entre imediaticidade e [inter]mediação, que se origina na filosofia do idealismo alemão, é provavelmente inadequada para apreender o medium e sua revolução correspondente. Quando se diz que o medium é o si-mesmo, então deve-se perguntar: que si-mesmo? Decerto, o medium engendra um si-mesmo que pode se movimentar em uma multiplicidade de autoconceitos, uma espécie de si-mesmo espectral, que não precisa mais colocar a pergunta por um si-mesmo «autêntico». O si-mesmo que é dado como um espectro de si-mesmos permanece, aliás, um si-mesmo de afirmação, um si-mesmo tenaz. O medium tem sempre a expectativa de autoafirmação. Também não se pode falar de um desaparecer do si-mesmo. Por outro lado, o conceito de imediaticidade alude a um si-mesmo encarnado que pode ser sentido por meio do desejo, da fruição, do nojo e também da violência. A linguagem também é uma possibilidade desse sentimento de si-mesmo. Quando isso ocorre, basicamente não importa mais se afirmar. Esse si-mesmo se transporta de fato para o desaparecer. O medium destrói a dialética da intermediação e da imediaticidade. A intermediação se transforma. O imediato se dissipa. No lugar de cada diferenciação, entra em cena uma espécie de flutuação indiferente.

Pertence à suposta imaterialidade neutra do medium um processo curioso, no qual a própria dominação se torna imaterial, ou seja, invisível. É um sinal peculiar de nosso tempo que o poder abdique de símbolos públicos para se banalizar de modo tão extremo ao ponto de ninguém pensar que ainda haja algum poder. O neutro consumidor oculta do medium o poder que dele emana. Quanto mais invisíveis as reais relações de dominação em uma sociedade, mais difícil, todavia, a formulação de um projeto político. «*Omnis determinatio est negatio.*» Onde falta a negação, a afirmação não tem sentido. No medium, é quase impossível viver politicamente.

A neutralidade do medium, no entanto, não é neutra. Ela é tão somente a aparência mais própria do medium. O fato de as circunstâncias atuais levarem à capitulação do pensamento está conectado a essa aparência.

Interpretando Shakespeare, Marx chama o dinheiro de «divindade visível», uma «prostituta geral» ou um «cafetão geral».[16] A ideia do mamon está inevitavelmente implicada.

16_ Karl Marx. *Manuscritos econômico-filosóficos*. Op. cit., p. 437.

Se o medium também carrega, porém, os traços de uma divindade, porque intermedia tudo com todos, nem por isso essa divindade é mais visível. Seu brilho se oculta em seu próprio ofuscar; no brilho onde tudo brilha como tal.

A REVOLUÇÃO

O medium e a *revolução* se excluem mutuamente. O medium busca intermediar a revolução; a revolução deve destruir o medium. Entre o medium e a revolução há uma imediaticidade que nem o medium nem a revolução podem intermediar. A *violência,* ou a *natureza*, é, de fato, a diferença específica entre o medium e a revolução. No meio do medium emerge o fato: a revolução não é intermediável, ela é sem palavras. Ela é sem lugar, abandona até mesmo a inlocalidade.

A revolução é o evento que o medium extermina. Isso significa uma imensa perda. Aprender o que é a perda.

As revoluções do século xx acreditavam que poderiam tomar para si o medium, para utilizarem-no a seu favor. Foi um equívoco. Não foi revolucionário o suficiente.

A história não é razoável, mesmo que a razão realmente seja. Em seus interstícios, em seus poros, se esconde um selvagem do qual a revolução se origina. Selvagem – está em última instância ainda conectado com essa clareza abissal que é a nossa vida – como estado de exceção.

Todo pensar do evento «romantiza». Esse conceito de Novalis é compreendido como «absolutização – universalização – *classificação* de momentos individuais, da situação individual».[1] O evento vale para todos e para sempre. Obviamente, «classificação» não quer dizer aqui somente a subsunção ao geral, que por fim contradiz a individualidade do evento. Significa, na realidade, mais algo como hierarquização. O evento é a origem. Romantizá-lo é a ação de um sujeito, que assim enfatiza sua conexão com o evento. O que seria de Jesus Cristo sem Paulo?

Um significado astronômico também é importante. A revolução como constelação recorrente de planetas, a estrela errante, como figura recorrente do início, todavia como algo que tem uma forma contundente. A busca pela constelação não tem apenas um significado astronômico, mas também astrológico. Sabedoria das estrelas: na revolução há sempre algo que aparece e que clama por sentido, sentido de futuro.

Marx utiliza o conceito de revolução com no mínimo dois significados. Assim, ele fala de uma «revolução total»[2]

1_ Novalis. «Das Allgemeine Brouillon». In: *Schriften.* Vol. 3. Richard Samuel (Ed.). Darmstadt: WBG, 1983. p. 256.

2_ Karl Marx. *A miséria da filosofia.* Trad. José Paulo Netto. São e de uma «teórica»[3]. A revolução total porta em si a teórica. Não há, porém, nenhuma revolução sem uma revolução teórica que prepare a revolução total, ou seja, também política. A revolução deve também dizer respeito ao todo; diferencia-se assim de uma mera rebelião, um levante, que é algo deflagrado a partir de uma insatisfação parcial. Assim como o medium, a revolução reclama a totalidade.

Da demanda por uma revolução teórica nasceu para Marx, Engels e Lênin o postulado de uma nova «ciência». Eles compreenderam essa nova ciência como uma interpretação específica da história com base numa antropologia revolucionária. O medium intermediou essas teorias de diversas maneiras. Elas foram integradas na sociologia e na filosofia ou, se isso não foi possível, esclarecidas como pseudociência. Assim, a revolução teórica do marxismo foi neutralizada.

Aparentemente, o medium neutralizou os pressupostos histórico-filosóficos da revolução, a passagem para uma «sociedade sem classes». Sem dúvida, nenhuma revolução pode ser pensada sem a visão de outro ser. Esse outro ser é o sentido da revolução. A revolução em seu cerne é apenas

---

Paulo: Global, 1985.

3_ Karl Marx. *Manuscritos econômico-filosóficos*. Op. cit.

em razão do ser. O outro ser não é, porém, a utopia, mas o atópico, a agitação, a atenção, o silenciar.

Em sua introdução à revolução, Lênin teve bastante razão em indicar que também para Marx o cerne da revolução é a *violência*. Somente com ela a revolução pode ultrapassar a teoria. Quem, portanto, deseja falar de revolução deve falar de violência, da sua possibilidade e impossibilidade.

A violência da revolução consiste na detonação de uma ordem de dominação específica que, de acordo com Marx e Lênin, tem por consequência a «morte» do Estado. Lênin postulou que a «maioria dos trabalhadores» está pronta «para morrer» pela revolução.[4] No entanto, ele estava bem longe de entregar a realização concreta da revolução a qualquer maioria que fosse. Ele preferiu a «vanguarda da classe trabalhadora» à prontidão para o sacrifício do proletariado.

4_ V. I. Lênin. *Esquerdismo. A doença infantil do comunismo.* São Paulo: Expressão Popular, 2014. «A lei fundamental da revolução, confirmada por todas as revoluções, e em particular pelas três revoluções russas do século xx, consiste no seguinte: para a revolução não basta que as massas exploradas e oprimidas tenham consciência da impossibilidade de continuar vivendo como vivem e exijam transformações; para a revolução é necessário que os exploradores não possam continuar vivendo e governando como vivem e governam.» A falta de vontade dos explorados está cara a cara com o não-mais-poder do explorador. Nenhum Estado que já não esteja trepidando pode vir a cair.

O revolucionário tem à disposição um saber da revolução. Mas, segundo Lênin, deve também estar pronto para exterminar o inimigo político.

Hoje, a libertação não pode ser mais aquela do século XVIII. Não há mais rei para se guilhotinar simbolicamente a cabeça. Hoje, a libertação consistiria na interrupção, ou seja, na anulação dos deslocamentos e intermediações conduzidos pelo medium. A libertação seria uma nova irrupção da imediaticidade. Possivelmente, nisso reside um indício do que poderia se chamar hoje de revolução. Todavia, toda revolução autêntica foi um evento da imediaticidade.

A revolução nunca foi, aliás, um mero fenômeno político. Sempre se tratou de um novo e diferente estilo de vida. Uma revolução que não mude os modos e costumes em voga não é uma revolução. E não seria essa uma compreensão mais profunda da revolução do que o político por excelência? A revolução é outra vida, seu começo e irrupção. Certamente, isso também implica outra comunidade política.

Começo – isso é o que acontece na revolução e o que define o seu páthos. Uma comunidade parte de um caminho desconhecido, à medida que se inicia consigo mesma. Para Hannah Arendt, o começo é o fenômeno político por excelência, que ela por vezes associa ao nascimento. O nascimento compartilha com a revolução de certa violência. Não somente no sentido de os corpos serem atingidos por ela. Também a vida depois dela parece ser totalmente diferente.

A economia da revolução demanda a perda. Ela diz respeito a todo tipo de perdularismo. Ela não pode calcular; é irresponsável. Também nisso ela se opõe diretamente ao medium, que tudo calcula, bradando constantemente por responsabilidade, sem assumi-la.

Se a revolução é «total», ela muda também a relação com a morte.

A relação da revolução com a morte é diferente daquela do medium. A relação inevitável da revolução com a violência faz da morte uma impossibilidade em vida. Na revolução, a morte desaparece ou não mata; ao contrário, há uma morte aparecendo. Em sua genuína relação com a morte, a revolução rompe com o «sem destino» (Hölderlin) dominante do medium. E, por fim, o impossível torna-se possível para a revolução...

Naturalmente, isso não quer dizer o terror, essa primeira forma de «limpeza». A revolução terrífica é uma traição da morte. Com os assassinatos, ela tenta exatamente e sobretudo matar a morte. Ela se insurge contra o próprio desaparecer. Nisso, ela se aproxima do medium.

Foi também nessa medida que Marx inscreveu o problema da violência da revolução, ao identificar o poder do Estado sobretudo com a violência. O Estado como instrumento de repressão e exploração, como fiador de determinada relação de dominação. Assim, a revolução instala sua violência com vistas a libertar de uma violência já existente. Essa violência já não é substituída por uma nova. Nesse sentido, a revolução é ela mesma desumana. A liberação para a liberdade é o próprio páthos da revolução.

Daqui também fazem parte algumas descrições importantes feitas por Marx da violência como uma «potência econômica».[5] Ele pensa no colonialismo; Lênin fala de imperialismo; nós nos encontramos no acontecimento da globalização. Mas esse fenômeno se deixa descrever exclusivamente como «potência econômica»? Eu afirmaria que o medium possui, na realidade, uma «potência econômica» específica, decerto decisiva. No entanto, não sou da opinião de que o medium dá origem à economia – considerando que economia seja compreendida como teoria do capital. Em vez disso, é possível que o capital dê origem ao medium.

5_ Karl Marx. *O capital. Crítica da economia política*. Vol. i. Trad. Regis Barbosa, Flávio R. Kothe. São Paulo: Nova Cultural, 1996.

Assim, uma revolução se diferencia, digamos, de uma greve geral que se movimenta dentro da legalidade, porque destrói o direito em vigor. Para os filósofos clássicos, por exemplo para Kant, a destruição violenta vale como uma recaída no estado da natureza. De acordo com Kant, essa recaída poderia ser imperativamente evitada, visto que ele nega a legitimação filosófica da revolução (o que não o impede de ser um adepto da Revolução Francesa).

Para Hannah Arendt, uma «justificação da violência» é uma «teoria antipolítica». Para ela, a violência é um «fenômeno limítrofe», um limite onde termina a política. De fato, uma destruição violenta do direito se deixa compreender como destruição da política. O triunfo do medium anula a esfera política. Assim sendo, a relação da revolução para com o medium, assim como do medium para com a revolução é apolítica – o que não exclui a possibilidade de o medium apolítico consolidar indiretamente instâncias sociais de poder. E talvez já vejamos hoje que os conflitos vindouros na infinita superfície esférica do *globus terraqueus* abandonarão o âmbito do político.

Se o homem é um ser político, devese pensar por que e em que medida a violência deve se separar da política.[6]

6_ Hannah Arendt. *Da revolução*. Op. cit.

Foi Walter Benjamim quem definiu, no início da sua *Crítica da violência*: «Pois, qualquer que seja o modo como atua uma causa, ela só se transforma em violência, no sentido pregnante da palavra, quando interfere em relações éticas».[7] O capital-medium global tirou proveito desse fato ao proscrever acima de tudo a violência politicamente motivada. A violência ameaça a inviolabilidade do medium. O medium dirige todos os possíveis meios morais e legais apenas para eliminar já pela raiz um ataque às relações em vigor. Não por coincidência o terrorismo é por vezes proclamado não somente inimigo de uma cultura específica, mas inimigo da cultura por excelência. Certamente, a revolução deve se distinguir do terrorismo.

A determinação de violência de Benjamin se conecta com o conceito moderno de estado da natureza. Na natureza com tal, não há violência que possa ser moralmente significativa. Tampouco alguém teve a ideia de criar uma lei contra terremotos. Na natureza há apenas «causas efetivas» que se tornam primeiramente relevantes moral e legalmente no âmbito da sociedade. Assim sendo, a natureza é a *origem*

7_ Walter Benjamin. «Para uma crítica da violência». In: *Escritos sobre mito e linguagem* (1915-1921). Trad. Susana Kampff Lages e Ernani Chaves. São Paulo: Editora 34, 2013.

da violência, pois na perspectiva das relações morais algo «*torna-se*» violência onde antes não havia nenhuma. É desse ponto que partem as mais significativas teorias da modernidade sobre o estado da natureza.

A origem da violência se encontra fora do âmbito das relações morais. Ela é a natureza, essa região pré-moral e pré-jurídica. Nas situações em que a violência aparece, surge também uma chispa de imediaticidade que lembra a natureza. Esse fato deixa uma assinatura específica na violência que «intervém» nas relações morais e jurídicas. Enquanto o homem não consegue ser totalmente na moral e no direito, porque ele, por exemplo, tem um corpo, haverá violência. A revolução é portanto vista sempre como uma volta a essa origem pré-moral e pré-jurídica, à imediaticidade imediata, a «renovação de um imemorial».[8] A tendência dominante para imaterialidade do medium tenta fazer desaparecer a natureza, como se pressentisse que sua grande ameaça provém do pré-medial, do qual algo não pode ser intermediado, do estranho, do fora da lei.

Em que medida a violência também pertence à imediaticidade? À medida que a imediaticidade toca o corpo, ela se aproxima de uma fronteira onde a violência começa. A

8_ Hannah Arendt. *Da revolução*. Op. cit.

natureza é o imediato por excelência. Expulsar a violência da natureza seria confirmá-la, pois só a violência pode fazê-lo.

O problema se deixa ilustrar por um fenômeno familiar. No erótico, a violência está sempre presente. Bataille fala de uma «violência elementar que domina, quaisquer que sejam eles, os movimentos do erotismo».[9] Concordamos com isso ou pelo menos não temos nada juridicamente contra o fato de certa elevação da violência estar a serviço do desejo. Consideramos esse ato amoral, ou seja, inobjetável. Por isso, não é exagero falar aqui de certa normalidade da violência. No entanto, é possível ver o quanto nossa relação com a violência é obscura.

À medida que o medium simula e denuncia toda forma de imediaticidade, ao absorver toda humanidade e desumanidade e, por meio disso, ao manter a ordem do realismo capitalista, ele provoca um *anseio pela violência*. Certamente, o medium, essa virtualidade infinita, nunca será atingido por essa violência. O medium se abstém de qualquer ameaça física.

Fenômeno curioso: o medium, esse mundo, evoca um anseio pela violência, direcionando essa violência

---

9_ Georges Bataille. *O erotismo*. Trad. Antonio Carlos Viana. Porto Alegre: L&PM, 1987. p. 13.

diretamente a si mesmo. Cada rosto inexpressivo, cada frase vazia, cada gesto bizarro, e tudo isso no *status* do poder negado, no *status* do luxo óbvio, parece uma provocação da ira reprimida.

Não há legitimação para a violência, como não há para a natureza. Ela se eventua – ou não. E, um dia, todos falaremos dela como se fosse passado.

Precisamente nos dias de hoje, além do habitual terrorismo, há o tumulto e as rebeliões. Num primeiro momento, essas manifestações parecem expressar uma ira que ainda não aparece como potência revolucionária. O opressor odioso é deposto. É como se surgisse um novo espaço para se respirar, um espaço também de perigo e de aventura. E então a revolução encontra-se sob as circunstâncias da antessala da revolução. No entanto, na maioria dos casos, ela decai na demanda por mais postos de trabalho e melhores salários. A «questão social» arrebata o levante e destrói a revolução. Aparece o desejo de fazer parte de toda prosperidade, que não pode ser mais bem representada senão pela riqueza do opressor banido ou até mesmo morto.

A invulnerabilidade do medium é o mais forte argumento contra a revolução. Toda revolução histórica sempre reclamou o medium para si mesma, de modo que toda possível demanda verdadeira por uma mudança radical se reverte no mesmo. Obviamente, o medium não é um instrumento que, estando em «boas mãos», produziria o bem. O medium, que se tornaria propaganda censora, permanece sempre o medium. Por isso, realizar uma mudança é o mais difícil para a revolução. De todo modo, não há violência contra o medium.

O medium determina e produz a imagem da revolução: jovens mulheres com bandeiras, jovens homens ousados com troféus do tirano derrotado, homens velhos como representantes do regime decadente. Junto com ele, são sugados pela potência revolucionária os processos, que ainda devem por alguma necessidade ser revertidos.

Em contrapartida, o medium simula sua simpatia para com o levante. Ele se faz de «grande revolucionário» enquanto combate a revolução.

Se a revolução consistisse sempre em substituir uma constituição por outra, ela seria uma empreitada sem esperança. O espírito da revolução deseja salvar o começo de sua passagem à consolidação política. Instituições são restaurativas. Elas agem no sentido do medium. Elas garantem a subsistência de determinado estado da sociedade que institui sua constituição política na sua matriz econômica. Se a revolução é um começo, ela haverá de impedir essa desesperança.

A compreensão da revolução proveniente de Marx, Engels e Lênin lutou por uma «morte do Estado» como objetivo pós-revolucionário. O Estado foi apreendido como uma figura da alienação. Ele foi representado por uma violência formada pela base econômica. A sociedade intermedeia o Estado com sua base econômica, como verdadeira instituição antirrevolucionária. A sociedade é o espaço de atuação do medium. Desse modo, o sujeito político da revolução não é a sociedade, mas a *comunidade*.

A COMUNIDADE PRESSENTIDA

A lei do destino é esta: que todos façam a experiência de que,
no retorno do silêncio, há também uma linguagem.
Hölderlin, *Friedensfeier*

A comunidade é tão impossível quanto a revolução. Ela surge do evento, da revolução. Sendo também uma configuração do romantismo, a comunidade haverá de lembrar essa proveniência. Ela tinha de ser «romantizada». Isso aconteceu em um passado quase inacessível.

A palavra latina «communis», assim como a alemã «gemein», se origina da palavra «moenia», que significa «muralha protetora». A comunidade se reúne para encontrar proteção contra o exterior, contra a ameaça de outras comunidades ou também da natureza. A distinção interior/exterior também faz parte do começo de uma comunidade. O em-comum constitui assim um si-mesmo para o qual estar junto talvez não seja o primordial.

A comunidade da revolução é aquela que se pressente. Com isso se enfatiza que essa comunidade se compreende como um corpo do corpo e empresta peso ao corpo singular na sua ligação com o outro. O em-comum da comunidade – sentir-se na fronteira do outro. Duas propriedades gerais do corpo humano devem ser brevemente indicadas:

O primeiro significado do corpo é que ele aparece, sendo assim o aparecer do homem. O outro somente se dá para mim por intermédio do seu corpo e com seu corpo. Quando alguém fala é seu corpo quem fala.[1]

Ao seu aparecer pertence, porém, o fato de que o corpo se sente. Aparecer significa sentir a si e aos outros. Os outros corpos são pressentidos, e somente assim pressentimos o nosso próprio corpo. A fala dos outros é, entre outras coisas, o vestígio de sua presença, de seu corpo.

A revolução e a comunidade pressentida não formam uma coesão contingencial, mas necessária. A revolução é somente possível como comunidade sentida, e vice-versa. Há, por conseguinte, uma comunidade cujo em-comum é a revolução.

1_ Eventos revolucionários enfatizam a necessidade da presença física dos indivíduos.

Jefferson, Danton, Robespierre, Lênin, Trótski, Che Guevara: a experiência por eles compartilhada é a de uma comunidade da revolução, o ser-na-revolução.[2]

O conceito de comunidade já parece conter como tal e sobretudo um pressentir-se. Até mesmo uma ideia pode fundamentar uma comunidade, porém a partilha e a recepção da fundamentação, a partilha e a recepção do em-comum pressupõem uma proximidade do singular. Apenas por meio dessa proximidade pode se realizar o partilhar, o compartilhar. Esse é o momento revolucionário. A comunidade não é, ela acontece.

2_ O feito real de Lênin, além da criação de uma doutrina da revolução, é a formação de um corpo textual marxista-leninista e com ele provavelmente e sobretudo a instituição de um «marxismo» com sua extensão no «leninismo». Assim, o pensamento do primeiro capítulo «Estado e Revolução» é especialmente digno de nota: «Pode-se, no entanto, apostar que, em 10 000 pessoas que tenham lido qualquer coisa a propósito da 'extinção' do Estado ou disso tenham ouvido falar, 9990 ignoram inteiramente, ou já não se recordam de que Engels não dirigia unicamente contra os anarquistas as conclusões daquela tese. E, entre as dez pessoas restantes, nove não sabem com certeza o que é o 'Estado popular livre' e por que razão é que opor-se a esta palavra de ordem é também opor-se aos oportunistas. É assim que se escreve a história!». V. I. Lênin. *O Estado e a revolução*. Trad. J. Ferreira. Porto: Vale Formoso, 1970. p. 22. Vale lembrar: A história é escrita interpretando-se a ideia de Engels (ou seja, apenas uma corretamente). Como antes, há um mal-entendido entre uma autointerpretação materialista e o *status* dos textos (sagrados).

A proximidade pressentida da comunidade lança antecipadamente a pergunta pela sua grandeza. «A liberdade, onde quer que tenha existido como realidade tangível, sempre foi espacialmente limitada»[3]. Já Platão e Aristóteles tinham consciência disso, de que a Pólis desenfreada impede a organização política da comunidade. A proliferação do corpo político: ele não deve ultrapassar um tamanho determinado, deve sempre ainda poder se sentir. Ao perder a sensação de sua espacialidade, o político morre. A proliferação vira metástase. A desfronteirização do espaço político no seio da globalização significa apenas mais uma morte do político.

A Pólis não é o ventre da comunidade, pois seu corpo é pura masculinidade, mesmo se ou porque Atenas é também a cidade de uma deusa. Atenas teve a feminilidade banida de si, assim como a Pólis. Afrodite não é uma deusa política. É possível, porém, que Platão pense uma comunidade em sua filosofia política.

Talvez tenham sido as antigas comunas dos cristãos as primeiras a se realizarem como comunidade. O amor ao próximo corresponde ao sentir-se do outro, mesmo que o cristianismo tenha uma relação extremamente ambivalente com o corpo. Quando Jesus prega o amor ao inimigo, a

---

3_ Hannah Arendt. *Da revolução*. Op. cit., p. 219.

comunidade pressentida se vê sob o signo do universalismo. No entanto, é possível haver uma comunidade universal? À medida que se desloca no medium, o universalismo não anula o sentir-se?[4]

4_ A pergunta que se coloca aqui é respondida por Alain Badiou em seu livro sobre são Paulo (Alain Badiou. *São Paulo. A fundação do universalismo*. Trad. Wanda Caldeira Brandt. São Paulo: Boitempo, 2009). O texto tenta compreender o evento a partir da crucificação e da ressurreição, uma interpretação presente, por exemplo, em formulações específicas de Hegel. Porém, diferentemente de Hegel, Badiou tenta esclarecer a reivindicação de universal a partir da contingência do evento e não a partir de sua dialética. Nisso, ele segue determinadas declarações de são Paulo. A universalidade do evento deve se originar de uma possibilidade inerente do infinito. Certamente, o evento da crucificação e da ressurreição guarda uma abundância inesgotável de sentido, mas que isso possa fundamentar uma reivindicação universal não é algo tão óbvio. Badiou tenta dominar o problema com a sua afirmada identidade entre a ontologia e a matemática. Porém já a ideia de uma reabilitação da ontologia demanda uma decisão para a qual se deve estar preparado. Parece-me que um «evento universal» como fenômeno é uma contradição *in adjecto* no sentido do «romantizar», ou seja, no sentido de uma concessão de sentido posterior, um evento pode, no entanto, ser universalizado. *A cristandade ou a Europa* (1799), de Novalis, é propriamente a referência de Badiou, no que diz: «Com afinco, essa poderosa e pacificadora sociedade buscou fazer com que todos os homens compartilhassem dessa bela crença, e enviou seus congregados a todas as partes do mundo para anunciar sobretudo o evangelho da vida e para fazer do reino dos céus o único reino desse mundo». Novalis. *A cristandade ou a Europa*. Trad. José Justo. Lisboa: Antígona, 2006.

A comunidade *política* do futuro será pequena. Isso também se aplica quando, em termos fáticos, ou seja, na época da globalização, surgem espaços de sociedade cada vez maiores. Somente o encolhimento possibilitará o sentir, deixará surgir uma comunidade. Tal surgimento será possível então com a continuação da delimitação do espaço social.

Uma fronteirização da comunidade leva necessariamente à exclusão. De fato, não se pode ignorar que uma comunidade precisa tomar decisões sobre suas fronteiras. Isso não depende de maneira alguma de uma diminuição de sua pluralidade, pois o em-comum da comunidade sentida não é um corpo determinado, fechado. Nessa medida, suas fronteiras, que não ficam de modo algum entregues à arbitrariedade, podem se mostrar como abertas. Para a comunidade pressentida, há um estrangeiro que pode se tornar visitante, que por sua vez pode se tornar seu próximo. Porém há também estrangeiros que permanecem e devem permanecer estranhos.

Já foi dito que o corpo da comunidade pressentida não é de maneira alguma um corpo determinado, ou seja, não é um corpo «do povo». (O dito «Nós somos o povo!» não pode mais ser revolucionário, caso a revolução já não tenha em mira o Estado e sim o medium.) Pelo fato de o pressentir não ser um critério normativo, mas um fato, a alteridade permanece uma de suas possibilidades. Sim, poderia se pensar que tal pressentir não evoca precisamente a alteridade. A comunidade pressentida é, por conseguinte, uma comunidade fundamentalmente cosmopolita. Não se pode pensar na exterminação do corpo do outro, pois assim a comunidade se tornaria, em última instância, insensível. Ela perderia então seu em-comum e, assim, o caráter absoluto de comunidade.

Talvez a extirpação do outro aconteça somente nos casos em que o corpo comum nunca for realmente experienciado. O domínio político da extirpação inexperienciada não seria então a comunidade, mas a sociedade. Foi ela também quem conferiu tal apagamento à forma de produção. Foi ela quem criou instituições para isso.

A comunidade pressentida também é necessária de um nós cuja identidade imediata consiste na alteridade e também na estranheza do corpo.

A autocompreensão e a reivindicação dessa comunidade surgida da revolução são universais. Essa universalidade deve, porém, se fragmentar numa pluralidade faticamente não harmonizada. Essa pluralidade deve produzir diferenças de modo que nelas a comunidade possa se sentir. Conflitos são portanto não somente possíveis, mas necessários.

A universalidade da comunidade pressentida não consiste em nada além do próprio pressentir. Desde o começo, é precisamente essa universalidade que está em jogo. Não pode haver nenhuma outra universalidade da comunidade além do fato de ser, acontecer.

A ênfase do pressentir parece levar a uma comunidade da necessidade e da indigência, a uma ligação da vida com o sobreviver. Com isso, a comunidade teria sempre feito a transição para uma sociedade. A sociedade aparece como verdade da comunidade. O pressentir da comunidade, porém, não tem praticamente nada a ver com o mero cuidado das necessidades do corpo, como se o corpo somente pudesse ser sentido quando alimentado. A comunidade é um evento corpóreo, no entanto esse evento tem outro corpo, diferente do da sociedade. O corpo da comunidade é aquele sentido e tocado – também no sentido erótico, aliás – num sentido diferente do corpo da sociedade.

O pressentir do corpo, a ser compreendido não a partir da necessidade, mas sim do desejo, não pode se originar numa mera decisão do sujeito. O corpo recebe a si mesmo a partir do evento. Não temos um corpo, ou, se apenas o temos, então o temos como um obstáculo, como um fardo. Ao ser tocado, o corpo se liberta desse estado. Assim ele vem a ser. Somente aí pode surgir a comunidade.

O corpo da sociedade é aquele da necessidade, que serve ao medium, que o usa para se organizar. Um corpo pressentido pressupõe a presença de um outro. O corpo da sociedade, porém, se tornou apático em seu medium. Ele abriu mão da proximidade do outro corpo em favor da intermediação. Assim, difunde-se na sociedade certa ojeriza dessa proximidade, que está ligada à frequente renúncia, de fato, ao injustificável ódio à criança. O corpo quer ser sem dúvida alimentado e excitado, mas para isso ele não precisa mais de outro corpo. Ele recebe sua alimentação e excitação do medium e silencia, tanto quanto possível, a natureza.

Quando o corpo político não pode mais se sentir, a instituição é necessária. Quando o indivíduo já não tem lugar numa comunidade específica, ele precisa de uma orientação geral, que lhe substitui a comunidade. Essa orientação o provê de instituições gerais. É impossível imaginar a sociedade sem instituições.

Um obstáculo da comunidade pressentida é a família. Ela tende a se fechar e a não se relacionar com nada mais além do fato isolado da ascendência. Nada nela fornece indicações de que os membros se esforçaram por tornar possível a comunidade, ou pela participação verdadeira nos outros ou pela sua exclusão. O outro é de modo habitual reconhecido e assimilado. O que a família institui de mais elevado é a herança da propriedade. No entanto, é precisamente isso que a distancia da revolução.

Em uma revolução, todas as instituições são imediatamente rompidas. O Estado como era outrora não existe mais. A experiência mostra que muitos só podem compreender essa situação de maneira natural, dando vazão às suas necessidades. Outros se mostram, contudo, espontâneos e criativos. Eles demonstram interesse nas oportunidades gerais, se estabelecem, assumem para si a responsabilidade; isso mesmo sem uma instituição política, sem ser de fato um «partido». Esse é a experiência do começo.

Estar na revolução, precisamente, não pressupõe apenas o aparecer, mas sim a implantação do corpo. Nesse sentido, poderia se falar de uma «coreografia» não dançante do corpo nas ações políticas.[5] O agir político só se deixa compreender sob a inclusão do corpo ativo, faticamente ativo. Assim, a revolução se encarna em corpos, prontos para sofrer e exercitar a violência.

O corpo da revolução é aquele que abriu mão de sua consistência, de sua renúncia à abertura. Ele se encontra de fato

---

5_ Ver os artigos da fenomenologia finlandesa Jaana. Disponível em: JaanaParviainen/Papers/181234/Choreographing_Resistances_Spatial-Kinaesthetic_Intelligence_and_Bodily_Knowledge_as_Political_Tools_in_Activist_ Work.

fora de si, já não pertence a si mesmo. Ele é um corpo vivo do amor e da revolução. Com isso, ele não se diferencia de nenhuma maneira essencial do corpo.

Um navio que parte com destino ao desconhecido, ao novo mundo, do qual muito foi falado e comentado. A viagem durará meses, o oceano é desconhecido, livre dos elementos de praticamente toda intermediação cultural. Os passageiros estranhos uns aos outros, vindos juntos de todas as partes. A tripulação do navio é igualmente estrangeira. O abandonar a terra natal é inevitável. O futuro, incompreensível. O que fazer? Escreve-se algo, faz-se uma promessa na presença de Deus e do outro (qualquer que seja), cria-se uma «política do corpo civil». Até alcançar o objetivo, há uma comunidade pressentida em uma proximidade elementar. Um «puro evento».[6]

Aqui não se trata de nenhuma filosofia política, de nenhuma ideologia ou teoria, que pudesse ter sofrido alguma influência. Em uma linguagem imediata faz-se expressar um destino político, uma linguagem sob a influência do mar, da irrupção, da incerteza. É ao mesmo tempo uma «fundação da liberdade».

6_ Hannah Arendt. *Da revolução*. Op. cit. A passagem sobre o «puro evento» do Pacto de *Mayflower* não consta da edição americana.

Uma forma de comunidade pressentida é o conselho, são os *conselhos*. Arendt os teve em grande conta. Eles se originam imediatamente na Revolução Russa de 1905 e 1917 e depois nas subsequentes, também no caos do pós--guerra da Alemanha derrotada e punida. Nas grandes cidades as comunidades crescem espontaneamente, sem que as instituições em vigor ditem antecipadamente as estruturas decisórias políticas. Nessa situação, «o direito sagrado à propriedade»[7] perde por si mesmo a validade. Não houve tempo para que os conselhos formassem uma comunidade pressentida duradoura.

Nos conselhos, o aparecer do indivíduo é reabilitado, pois ele se retrai às intermediações, aos deslocamentos e aos prolongamentos do medium. Isso leva de fato a uma espécie de politização do corpo que aparece. Todavia, não se trata mais de «dar sua voz», mas sobretudo de trazer o corpo à presença.

A breve vida política dos conselhos se funda no fato absurdo de que, apesar de toda fascinação de Lênin pelos conselhos na Revolução Russa, de toda prontidão para

---

7_ Jean-Jacques Rousseau. «Tratado sobre a economia política (1755)». In: *Rousseau e as relações internacionais*. São Paulo: Imprensa Oficial do Estado, 2003.

deixar o Estado «morrer», de todo ódio direto e imediato contra o aparato do serviço público, ele não pôde prever que o «partido» chegaria ao poder. As «restrições práticas da política real» não só condicionaram a abolição dos conselhos na Revolução Russa, mas também a abolição dos conselhos. Nesse ínterim, o partido degrada-se de uma instituição revolucionária para uma instituição padrão. Ele impede a liberdade política ao deformar o caráter do membro. «Faz parte da natureza de todos os sistemas partidários que os talentos autenticamente políticos só possam se manifestar em raras ocasiões e é ainda mais raro que as qualificações especificamente políticas sobrevivam às manobras subalternas da política partidária.»[8] A revisão revolucionária deve retroceder ao que ela outrora criou. Hoje em dia, o partido pertence ao medium; integrou-se totalmente a ele. O futuro da política não é o partido.[9]

8_ Hannah Arendt. *Da revolução*. Op. cit., p. 221.

9_ Ver Alain Badiou. *A hipótese comunista*. Trad. Mariana Echalar. São Paulo: Boitempo, 2012. O balanço atual da Ideia do comunismo, como eu disse, é que a posição da palavra não pode mais ser a de adjetivo, como em «partido comunista» ou «regimes comunistas». A forma de partido, assim como a do Estado socialista, é inadequada para garantir a sustentação real da Ideia.

Certamente, quais transformações nas relações produtivas a revolução deverá realizar é uma pergunta decisiva. Diante dessa pergunta, os discursos revolucionários geralmente se calam ou se tornam sectaristas. No entanto, é pelo fato de a comunidade pressentida não ser de maneira alguma primariamente uma forma econômica que a transformação pode ser radical. Na perspectiva econômica, não há, aliás, nenhuma alternativa para o mercado mundial. E, de fato, não se trata de pretender reverter a globalização. Os processos econômicos poderiam assumir outras formas. A globalização pode atravessar um cosmopolitismo mais intensivo e somente então se tornar uma forma de vida. Pela diminuição das comunidades, o potencial econômico fica reduzido, mas também diferenciado. Poderia haver uma economia que não mais organiza a massa, sendo capaz portanto de desenvolver fundamentalmente outra relação com os bens. Há uma economia para além do medium.

O medium não pode ser destruído, mas nossa relação com ele pode. Porque nós mesmos somos o medium, no começo da revolução, haveria uma autodestruição. A vulnerabilidade da comunidade sentida é imensa. E toda mudança profunda é imensamente dolorosa. A revolução mais sensível é o evento da poesia, daquela que se expõe (Celan).

De acordo com a doutrina, o comunismo não é propriamente possível no Estado. Na comunidade pressentida, porém, a pergunta pelo Estado é suspensa. Ela pode se dar por entre o Estado. Assim, um comunismo performativo também é possível. Ele pode ser praticado na comunidade pressentida sem uma limitação teórica. Assim, no meio do mundo do medium, é possível haver comunidades pré-revolucionárias.

Alain Badiou vê o comunismo, desde Platão, como a única ideia política digna de um filósofo.[10] Isso será verdade se o comunismo for compreendido como comunismo aristocrático no sentido mais verdadeiro da palavra. A comunidade pressentida seria um comunismo aristocrático, visto que, como o amor, vale especialmente para aqueles que se liberam para a impossibilidade, para a impossibilidade da filosofia e de uma comunidade digna dela. Igualdade não seria uma regra, mas sim uma dignidade.

Comunismo aristocrático, um absurdo? Há muito sabemos que a comunidade comunista somente é possível entre tais membros, que se encontram na condição de compreender o que significa essa possibilidade. O comunismo deve sempre levar a uma práxis que se diferencia da habitual

---

10_ Ver Alain Badiou. *A hipótese comunista*. Op. cit. «De Platão em diante, comunismo é uma ideia política digna apenas de um filósofo.»

coexistência no realismo capitalista. Essa práxis só pode ser assumida pelos melhores. O que os torna melhores não é a inteligência, não é a sabedoria, nem o dinheiro, nem a propriedade, mas sim a abertura do pressentir, que ultrapassa a ação em comum.[11]

Há um Mundo-Dionísio, desconhecido, até desconfortável, para toda a tradição marxista, mas é essa a verdadeira fonte da revolução. Ela vem do selvagem. Avanço? Não se pode negar que o pensamento da revolução é uma flor da filosofia da história hegeliana, plantada como um híbrido por Marx. *Hoje*, devemos colocar, porém, o humanismo marxista entre parênteses. Certamente, o mundo deve se tornar mais justo. No entanto, o lugar ou o não lugar, a partir do qual a justiça pode recomeçar, não é a dialética. É muito mais o desassossego que circula nos corpos. Se o homem devesse mais uma vez romper com a história, já nem seria preciso. Um mundo mais justo surgiria da realidade, sem que a ação da qual ele se originaria pudesse reclamar algum argumento. Seria um fogo que se acende por si só, sem porquê, num ato de liberdade abissal.

11_ Ver a compreensão de Arendt sobre «elite» em Hannah Arendt. *Da revolução*. Op. cit.

A história deve ser libertada de todas as tentativas de apropriação filosófica. Elas cumpriram sua missão. Somente assim o conformismo miserável, que com suas cinzas sufoca as obrigações históricas, teria um fim. A perda empodera.

Foi dito que a tentativa (a revolução) seria sem palavras, por ser forçada a ser atópica contra sua própria impossibilidade de pensar. Ela não seria apenas sem lugar, ela abandonaria a inlocalidade. De fato, a revolução se depara com a sua própria impossibilidade. Provavelmente, fazemos pouca ideia do que significa estar na revolução, na sua comunidade. No entanto, a revolução também é o político em sua mais elevada potência. Ela é o evento de onde uma vida até então desconhecida se originará.

Este ensaio foi escrito em memória de meus colegas de Estocolmo, Johannes Fridholm, Gustav Ingman, David Payne, Robert Pursche e Patrick Ruth. Ele é dedicado ao seu futuro.

aut-aut

--1 **B.C. HAN,** Psicopolítica
--2 **ENZO TRAVERSO,** Melancolia de esquerda
--3 **PETER TRAWNY,** Medium e revolução

DIRETOR EDITORIAL
Pedro Fonseca

CONSELHO EDITORIAL
Simone Cristoforetti

PRODUÇÃO
Zuane Fabbris editor

IMAGEM DA CAPA
Julia Geiser

PROJETO GRÁFICO
ernésto

EDITORA ÂYINÉ
Praça Carlos Chagas, 49 2° andar
CEP 30170-140 Belo Horizonte
+55 (31) 32914164
www.ayine.com.br
info@ayine.com.br

TÍTULO ORIGINAL:
Medium und Revolution

**© 2014 S. FISCHER VERLAG GMBH,
FRANKFURT AM MAIN**
Published by arrangement with International
Editors' Co. Literary Agency

© 2019 EDITORA ÂYINÉ
1ª edição setembro 2019

ISBN 978-85-92649-46-3

PAPEL: **Polen Bold 90 gr.**
IMPRESSÃO: **Artes Gráficas Formato**